AF245737

ESQUISSE

D'UN

PROGRAMME ALGÉRIEN

Essai de politique positive

PAR

M. le Docteur DUPUY

Médecin de colonisation

A RELIZANE

ALGER

IMPRIMERIE P. BIENVENU, RUE DE LA MARINE IMP. MICIPSSA.

1882

ESQUISSE

D'UN

PROGRAMME ALGÉRIEN

Essai de politique positive

PAR

M. le Docteur DUPUY

Médecin de colonisation

A RELIZANE

ALGER

IMPRIMERIE P. BIENVENU, RUE DE LA MARINE, IMPASSE MICIPSSA.

1882

A M. LÉON GAMBETTA

Ancien Ministre de la Guerre

De la Défense Nationale

Merci d'avoir bien voulu accepter la dédicace de ce petit livre. Puisse-t-il vous faire aimer davantage l'Algérie ! puisse-t-il vous engager à venir nous voir pour mieux nous connaître ! Quant à nous, nous n'oublions pas le patriote de 1870 et le plus ferme soutien de la République.

D. DUPUY.

Relizane, le 7 août 1882.

Il y a un an, je publiais dans le *Petit Alger* un article intitulé : la *Vraie Lumiére* ; il y a bientôt six mois, j'ai fait paraître dans le *Petit Algérien* une série d'articles : *le Programme Algérien* ; interrompue le 25 février pour des causes qui n'ont rien de commun avec la politique, je reprends aujourd'hui une œuvre que je crois juste et vraie ; et je crois ne pas me tromper en disant que je me nomme *Légion*.

Etre ou ne pas être, voilà la question qui se présente à l'esprit de tout homme véritablement soucieux des destinées de l'Agérie, mais encore de l'avenir de la mère-patrie. Au dessus de toutes les querelles de partis, domine ce qu'il faut appeler bon gré, mal gré, je ne dis plus maintenant comme il y a six mois : la question algérienne, mais la *question islamique*. Les redoutables inconnues dont je parlais alors commencent à se montrer ; et plaise aux dieux qu'il n'en sorte pas l'effondement de la patrie. La France nouvelle dont parlait Prévost-Paradol avec une éloquence entraînante, il faut la garder. L'Algérie préoccupait Littré et plusieurs articles écrits ou inspirés par lui portent la trace des soucis de l'avenir. Le puissant esprit qui a repris et continué son œuvre, je parle du professeur Ch. Robin, connaît l'Algérie depuis longtemps. Il y a douze ans il écrivait à un élève qui lui est resté cher d'étudier ce pays ; l'élève remplit le vœu du maître autant qu'il est en lui. Un intérêt supérieur doit diriger notre esprit, guider nos efforts ; c'est ce que l'on nomme : *l'instinct de conservation*. Nous sommes ici en plein champ d'expériences de la *lutte pour l'existence* ; il faut avant de vider de sottes querelles se demander si nous n'allons pas être expropriés et ne point faire comme les théologiens de Constantinople, discutant sur l'essence de la lumière du Thabor pendant que Mahomet II était aux portes. A ceux qui n'auraient pas pris garde à ce côté de la question, je conseille de méditer les lignes suivantes, lignes auxquelles les événements actuels viennent donner une éclatante confirmation :

Quand les Turcs arrêtent des Européens sans motif, on peut être sûr qu'ils ont de nouveau quelque sujet de reprendre courage. Ils ont à grand'peine consenti à relaxer M. O'Donovan, correspondant du *Daily News* poursuivi pour offenses envers le Sultan et condamné à 6 mois de prison. En même temps ils ont occupé *manu militari*, les couvents du Mont Athos qu'ils accusent d'être un foyer d'agitation panslaviste, c'est-à-dire Russes. Ce regain d'énergie doit-il être attribué à la fameuse alliance allemande-austro-turque que la mission allemande aurait conclue à Berlin d'après le *Times*. Il est remarquable que cette mission a changé son itinéraire et passé par Vienne au lieu de Rome. La Turquie serait, dans le programme élaboré par M. de Bismarck, chargée de contenir la France en Europe dans le cas de *graves éventualités*. Sans assurer que ces projets soient aussi complètement arrêtés, il est probable que M. Bismarck, après nous avoir *lancé dans les jambes le chien tunisien*, espère que tôt ou tard ce chien deviendra enragé et que la Turquie peut encore jouer son rôle. Il est impossible de dire si M. de Bismarck songe à laisser réaliser aux Turcs leurs rêves ambitieux, mais il n'en tient pas moins à faire savoir qu'il dispose de l'*Islam*. Nous sommes les premiers intéressés à l'apprendre, car nous sommes maintenant voisins de la Turquie, c'est-à-dire de tout le monde, selon l'expression de M. le duc de Broglie, expression reprise et remise en valeur par M. Gambetta. Certes l'Allemagne ne verrait pas avec déplaisir la Turquie, qu'elle se propose de supplanter, chercher une issue en Afrique. (*Nouvelle revue,* Janvier 1882.)

Il serait difficile d'exprimer avec plus de vérité ce qui, il y a six mois était l'avenir et qui est aujourd'hui le *présent*. On ne peut mieux *débrouiller* les fils *embrouillés* de la politique extérieure du chancelier. L'Islam est aux pieds de l'ermite de Warzin. Le plus brillant écrivain militaire de l'Allemagne, l'ami, l'*élève* du feld-maréchal de Molkte, le colonel Koéler est le chef de la mission allemande à Stamboul. Seul il est chargé de la réorganisation de l'armée turque et le seraskiérat n'a d'ordres et d'instructions à recevoir que de lui. Il est difficile de croire que le comte de Bismarck envoie ses officiers en Turquie pour propager le Kulturkamp ; depuis la mort de Victor-Emmanuel, les hommes d'État italiens ont faussé la vraie politique européenne. Dans un discours prononcé en février 1873, et reproduit par le journal la *Igualidat* de Madrid, Emilio Castélar faisait appel aux nations latines ; il leur indiquait la route à suivre ; abimés sous le poids de nos désastres il nous montrait en face de la Prusse ; dans ce langage magnifique dont il a seul le secret, il faisait voir cette France vaincue par la trahison, il disait aux Latins : « La France n'a combattu que pour le droit ; ses flancs « ont saigné pour rendre tout homme libre ! qu'a fait la « Prusse pour l'humanité ? Rien ! » Où en sommes-nous maintenant ? à la veille peut-être d'une guerre européenne et depuis 1870 nous savons ce que cela veut dire ; que d'imprévoyance, que d'erreurs ! Celui que Gambetta a appelé avec raison le Grand Français, Ferdinand de Lesseps, doit certes à l'heure présente avoir d'amers regrets. Il y a quelques mois, M. de Lesseps publiait dans la *Nouvelle revue* un article intitulé *Algérie et Tunisie*. Cet article qu'on ne peut lire sans un profond étonnement, a été le point de départ de la *Société protectrice des Indigénes*, dont le président est Victor Schœlcher, ancien représentant du peuple en

1848. Victor Schœlcher est une des plus nobles figures de notre histoire contemporaine. Victor Hugo nous a fait *voir* dans l'*Histoire d'un crime*, ce vaillant soldat de la démocratie ; il nous l'a fait vivant quand il nous l'a montré offrant, sans armes, sa poitrine aux balles des *soldats insurgés contre la loi par ordre criminel*. Le représentant du peuple a été l'un des plus fervents apôtres de l'abolition de l'esclavage dans nos colonies ; c'est lui qui inspira Abraham Lincoln ; c'est lui qui montra que de misérables on pouvait faire des hommes. Dans la mémoire de tous ceux qui souffrent, le nom de Victor Schœlcher ne périra pas. Ce cœur généreux s'est ému des *souffrances* des indigènes de l'Algérie. Brave, désintéressé, confiant jusqu'à la bêtise, le *Colon Français*, le défricheur des lentisques et des palmiers nains n'a jamais fait de mal à l'indigène. Le travailleur partage avec lui sa nourriture et son toit, il lui donne trop souvent le pain et le sel pour ne recueillir ensuite que l'ingratitude, le vol, le viol et l'assassinat. David Liwingstone nous a peint le nègre. Gai, ouvert, le nègre est assimilable ; le nègre a formé un peuple aux Etats-Unis ; il a su faire une république prospère à Haïti. L'Arabe est un peuple *vil, fourbe, fanatique*. Lisez leurs contes des Mille et une Nuits ! il n'appartenait qu'à une imagination orientale en délire d'inventer pareils récits. Ce sont les poètes qui ont imaginé l'Orient ; lorsque Platon voulait les chasser de la République il n'avait peut-être pas tout-à-fait tort. Béranger nous a fait le second *Empire*, et les *Orientales* ont fait bien du mal à l'Algérie et inspiré l'idée du Royaume arabe. Chez l'Arabe la famille n'exite pas, le mot de pudeur n'est pas dans sa langue. A-t-il, depuis que nous sommes en contact avec lui, perdu de sa corruption profonde, de ces vices honteux dont nos Tribunaux, nos Cours d'Assises connaissent tous les jours ? que sont devenus ces peuplades de Nègres si intelligentes, si bonnes, si confiantes dont Burton, Speke, Grant, Liwingstone nous ont parlé ? L'Islam, cette religion du fatalisme stupide, du vice abject, a *dépeuplé* l'Afrique centrale de plusieurs millions d'hommes en quelques années. Il y a des monstruosités pathologiques, il y a aussi des monstruosités sociales. Pour maudire l'Islam qui fait de la créature humaine le jouet du fatalisme, il faut lire les pages émues et remplies de tristesse du dernier journal de Liwingstone ; là où dix ans auparavant il avait laissé la prospérité, la richesse, il a retrouvé la ruine, le désert. *Un homme* qui était le confident, l'ami intime d'un général qui, dans l'année terrible, a donné quelque gloire à la patrie vaincue, le lieutenant Mage, l'infortuné commandant de la *Gorgone*, l'aide de camp du général Faidherbe terminait son voyage d'exploration au Soudan occidental par les lignes suivantes : *Je pars attristé, l'Islam est une cala-* « *mité* ; partout où il passe il ne laisse que la ruine, la « corruption et la mort. »

Après cette absurde et héroïque guerre de Crimée faite au profit de l'Angleterre qui a déjà pris des avances d'hoizie dans la succession de *l'homme malade*, l'Empire espérait être et rester le protecteur de l'Islam. On voit qu'il n'en est rien. Comme bien d'autres, les Turcs se mettent du côté du manche que tient M. de Bismarck. Quelques illusions que veuillent se faire certains esprits, il faut se convaincre de cette vérité *positive* : c'est que plus encore pour les Musulmans que pour les Allemands, nous sommes l'Eberfeind, l'*ennemi héréditaire*. Nous sommes pour l'Islam le peuple inspirateur des croisades, nous sommes le premier peuple qui a victorieusement dompté un pays musulman, nous sommes les *vrais Roumis*, les descendants des conquérents. Un homme qui a dignement servi la France en 1870, le prince Bibesco, raconte qu'en 1857 les Kabyles ne reconnurent notre puissance qu'après l'achèvement du Fort-National. Un poète, un rapsode des Beni-Raten exprime son désespoir en vers mélancoliques ; pour lui, il faut se soumettre, mais qui sait ! une lueur, une heure viendra ! Cette heure est venue le 23 avril 1871 et elle s'appelle : Le Massacre de Palestro.

La haine commune de la France a rapproché la Turquie et l'Allemagne ; leur but est le même, aveugle qui ne le voit pas ! Qui donc gêne en Europe le comte de Bismark? la France ! Avons-nous donc oublié les paroles du Chef, comme le nomme son secrétaire intime, les paroles du Chef après la reddition de Paris : « Cette fois, *je crois que la bête est morte !* » La bête avait gardé un peu de sang ; elle est presque bien portante et voilà le secret des insomnies de Warzin, du rhumatisme que ne daigne plus soigner maintenant M. le Professeur Wirchow. Quelle triste politique que la nôtre ! G. Wyronboff, écrivait-il y a quelque temps dans la *Revue de philosophie positive* que la République française ne pouvait compter sur aucune alliance sincère dans l'Europe monarchique. Quelles anomalies en effet ! chercher à donner au peuple français les mœurs de la démocratie et garder encore à l'extérieur les vieilles habitudes d'une diplomatie décrépite ! Notre champ de travail est chez nous. Quoi ! nous avons l'argent, les plus vaillants soldats du monde et nous ne sommes rien ! On a parlé des alliances que la France pourrait avoir ; c'est mal connaître la Russie que de songer à elle ; c'est encore plus mal connaître l'Angleterre ; l'Espagne n'a ni finances ni armée. Quant à l'Italie elle pêche toujours en eau trouble en attendant qu'elle finisse par s'y noyer. Nous avons oublié la vraie politique française, celle des hommes de 1848, celle que Gambetta voulait reprendre, c'est-à-dire la France républicaine amie et protectrice de tous ces vaillants petits peuples, les Roumains, les Grecs, les Serbes, de ces nations honnêtes et braves, la Belgique, le Danemark, la Hollande, le Monténégro. Pour ne parler que ce dernier pays, qu'est devenue notre influence ? elle est perdue ! Les Monténégrins connaissent la France et ils l'aiment. Quand M. le docteur Pancrazy était en mission au Monténégro (1860–1864) notre influence était absolue. Mon ancien chef avait connu enfant le prince Wikita ; il lui avait inspiré l'amour de la France ; aujourd'hui c'est la Russie qui nous a remplacés. En Egypte, le docteur Pruner–Bey et le regretté Mariette avaient assuré notre influence ; en Ethiopie nous avons laissé périr misérablement Théodoros dont le conseiller, l'ami, était M. le médecin–major Lagarde ; tout cela au grand profit de l'Angleterre. On a pu compter un seul jour sur l'amitié anglaise ! Gambetta lui–même s'y est laissé prendre ; mais pour voir ce que sont nos voisins, il n'y a qu'à lire les solennelles discussions du Conseil de l'Amirauté à propos du tunnel de Douvres à Calais. Il n'est pas possible de pousser plus loin la bêtise calculée. On s'est moqué de M. Prud'homme lorsqu'il parlait de la Perfide Albion. Peut–être finirons–nous par nous apercevoir que M. Prud'homme n'avait pas tout–à–fait tort. *C'est nous seuls* qui sommes engagés ; c'est contre nous que la mission allemande a été envoyée à Stamboul ; c'est à cause de nous que le vaillant Skobeleff *s'est suicidé* ; que de nuits tranquilles depuis lors en Poméranie ! Si jamais l'Islam peut entreprendre une lutte contre la civilisation qu'il hait mais qui l'enserre de toutes parts, c'est la France qui aura à supporter les premiers assauts de ce fanatisme redoutable, et dans cette lutte, *souvenons-nous bien* que nous ne serons aidés *que par nous-mêmes.* Vous voulez, dites–vous dans vos programmes, faire des hommes ; c'est là un noble but ; mais soyez au moins logiques ; faites la nation virile ; dites-lui tous les jours qu'elle ne doit compter que sur elle seule, dites-lui que pour bien vivre il faut être prêt à bien mourir, il faut que nous redevenions les vrais fils de ces fiers Gaulois qui ne craignaient que la chute du ciel ; il faut que nous n'ayons qu'une pensée : le patriotisme, le salut de la Patrie. Le Dieu Eole qui tient ses outres à Berlin a déchaîné une tempête ; la tempête ne choisit pas toujours sa proie ; le vieil Eole mythologique n'est plus. Un semblable destin est réservé au chancelier de fer, car un homme si puissant qu'il soit ne saurait se jouer ainsi du repos des peuples, de l'avenir de l'humanité. Le prince de Bismark a, comme Metternich, engagé une lutte suprême, non contre la France qui, sauf certains coteaux de la Bourgogne, est pour lui un pays comme un autre, mais contre la Révolution. Pour s'en convaincre il n'y a qu'à lire le dédaigneux discours prononcé par lui au Reischtag allemand en réponse aux revendications des libéraux. Le Roi est une émanation de la divinité ; cette phrase est bien le pendant du fameux *Beati possidente* du congrès de Berlin. A ce duel le prince de Bismarck périra. La physiologie pathologique a ses droits en politique. Peut-être comme Tithon l'époux de l'Aurore, le célèbre chancelier se croit-il immortel ? Tithon devint si faible qu'il n'avait plus la force de demander une mort désirée. Mais l'Aurore toujours resplendissant dans son éternelle beauté ouvrait les portes du soleil.

Cette Aurore dont les junkers prussiens et les marabouts fanatiques cherchent en vain à obscurcir l'éclat se nomme la *Révolution Française*.

LA DÉFENSE

ET

LA SÉCURITÉ DE L'ALGÉRIE

D'après tout ce que je viens d'exposer, il me semble que la première préoccupation du gouvernement républicain doit être la sécurité, la défense militaire de l'Algérie, non seulement contre une puissance européenne, mais encore, surtout en ce moment, contre notre *autre* ennemi héréditaire : le Musulman. Ces moyens de défense et de sécurité, il faut les trouver sans préjudice pour la Mère–Patrie, au cas où les graves éventualités *prévues* sinon *conduites* par M. de Bismarck viendraient à se produire en Europe. Non seulement l'Algérie doit être seule chargée de sa défense par une organisation intelligente, mais il faut encore qu'elle soit pour un ennemi de la Mère-Patrie, un adversaire redoutable ; le nombre ici n'est rien, tout est dans la science positive d'utiliser l'admirable situation de l'Algérie sur le territoire affricain. Cela se peut et cela doit être. Certes en continuant en Algérie la triste, l'indécise politique qui nous sert de ligne de conduite ou plutôt d'inconduite politique, nous en arriverons bientôt à mener sur les bords de la Méditerranée cette vie errante et misérable dont parlait Gambetta. Lorsque nous entendons parler d'un parti national en Egypte, il nous semble entendre un conte des *Mille et une Nuits*. « Le *parti intransigeant fait aujourd'hui beau-* « *coup de tapage, mais sans faire beaucoup d'ouvrage,* » écrivait il y a quelque temps un professeur de la faculté de Paris à l'auteur de cet opuscule. Ce maître, M. le député Clémenceau le connaissait il y a tantôt 15 ans ; c'est lui qui dans la science a guidé ses premiers pas ; mais il y a longtemps qu'il a oublié les leçons de Philosophie positive reçues rue Hautefeuille. M. le D<r> Clémenceau est à la fois homme politique et médecin ; il est regrettable qu'il n'ait pu voir le pays où nous vivons ; nous ne pensons pas qu'il ait perdu alors son temps et son talent à défendre le parti national égyptien. Le renoncement à tout, du *Virvana in-dica*, l'ascétisme chrétien ont quelque grandeur. Agir sur l'être humain par les raffinements de la volupté, montrer à l'individu comme récompense de son courage, les jouis-sances matérielles, voilà l'Islam. *Sodomie, fanatisme, po-lygamie*, voilà les trois bases du monde musulman, il n'y a pas de nation sans la famille, où est donc la famille musulmane ? il n'y a pas de femmes dans cette agglomé-ration humaine qui est sous la domination de l'Islam, *il n'y a que des femelles*. Littré dans son livre, les *Barbares et le moyen âge*, étudie les religions au point de vue de leur rôle sociologique. Religion de polygames, la famille n'existe pas, deux versets du Coran suppriment la peintu-re et la sculpture ; en agriculture elle anéantit des sour-ces de richesse, de bien-être. Plus d'expansion de la pen-sée humaine, plus de littérature, car il n'y a qu'un livre, le *Coran* ; plus de sciences, c'est-à-dire plus de glorieuses luttes pour dompter la nature, car il est inutile de lutter contre le fatal destin. C'est à la face de la civilisation eu-

ropéenne, c'est à la face de la révolution française qu'un
grostesque personnage est venu dire : « Nous vous com-
» battrons, car telle est la volonté d'Allah ; si nous suc-
» combons, notre récompense est au paradis. » (*Lettre
d'Arabi-Bey à Lord Gladstone*).

Quoi de plus net ? quoi de plus naïvement sincère ;
dans cette phrase se trouve le secret de toutes les convul-
sions qui agitent de plus en plus le monde musulman,
au Caire, à Rome, à Genève, à Bénarès. Le mot est toujours vrai, plus vrai maintenant que jamais, « Le *cérica-
lisme, voilà l'ennemi* ! » L'on s'étonne de l'alliance turquo-
allemande ? il y a plus d'une affinité entre la Turquie et
l'Allemagne telle que l'a faite l'hégémonie prussienne ;
même corruption sous les mêmes allures dévotes ; mêmes
appétits, le caporalisme des deux côtés, les fonctions publi-
ques livrées à des personnages sans conscience ; les entre-
prises livrées à des faiseurs et les spéculateurs turcs n'ont
rien à envier aux *stroussberg* de Vienne et de Berlin. Le
parti national égyptien, c'est le parti de Si-Sliman et de
Bou-Amama, c'est le parti de la haine, de l'ignorance, des
appétits brutaux. Quelques savantes leçons que M. le D^r
Clémenceau ait pu recevoir il y a quelques années rue
Hautefeuille, nous ne sachons pas qu'il ait trouvé le moyen
de remettre la tête sur nos épaules quand le *parti national indigène* nous aura coupé le cou. Nous, Algériens, qui
avons des affections et des intérêts sur cette terre où
nous avons souffert, nous tenons fort à nos têtes. M. le
Dr Clémenceau qui porte quelquefois la sienne comme un
St-Sacrement nous permettra bien de ne pas vouloir porter la nôtre comme des St-Denis. Il y a bientôt six mois,
nous écrivions les lignes suivantes : « Quand je pense que
» des esprits affolés demandaient en 1871 la cession à

» l'Allemagne de la Corse et de l'Algérie pour conserver
» l'Alsace-Lorraine, je ne puis que déplorer un pareil
» aveuglement. On dit que M. de Bismarck y avait pensé.
» Remercions les dieux qu'il n'ait pas insisté et dans la
» vie politique du chancelier, je ne vois qu'une grande
» faute, c'est celle-là. En quoi la perte de l'Alsace-Lor-
» raine a-t-elle diminué notre puissance économique, fi-
» nancière, militaire ? *en rien*. Certes, je ne veux pas
» dire que l'Alsace-Lorraine me soit moins chère que
» l'Algérie ; mais avec le chancelier de fer, avec le *pon-*
» *tife* des *Beati possidente* on ne fait pas de la politique
» de sentiment. » M. de Bismarck ayant oublié de nous
faire sortir de l'Algérie, cherche maintenant à se mettre à
notre place, car il voit la faute commise. On ne peut sans
effroi penser à l'Allemagne sur le Rhin, menaçant la Hollande qu'elle convoite, le Danemark qu'elle menace et
l'Allemagne en Algérie ; c'est alors que l'on aurait pu dire :
finis Gallias ! ! Les événements qui se déroulent sous nos
yeux à l'heure présente ne font que confirmer ce que j'in-
diquais il y a six mois. Les 400 millions d'échange que
fait l'Algérie française, l'immigration allemande en Amérique attristent le chancelier et il se dit sans doute qu'il
eût été bien doux d'avoir une Allemagne trans-méditerra-
néenne. N'était-ce pas l'idée de Gérhar Rofs, l'ancien sous-
officier de la Légion étrangère ? M. le Dr Nacthique n'a-
t-il pas, en termes plus mesurés, c'est vrai, exprimé la
même idée ? Les intrigues du chancelier dans la question
égyptienne ne montrent-elles pas ce que vise le prince de
Bismarck ? La France, toujours la France démocratique,
le vrai ennemi héréditaire du Junker prussien, de l'homme du moyen-âge. Le prince de Bismarck a pour la révolution la même haine que Metternich, il faut nous défen-

dre contre cet homme dont l'infernal génie ne laisse plus l'Europe en repos depuis qu'il est au pouvoir. Gœthe l'avait deviné lorsqu'il écrivait *Faust*. On me dira peut-être que cette idée fixe du Méphisto prussien passe à l'état de monomanie. Je le veux bien et plaise aux dieux immortels que cette monomanie dure longtemps.

La question vitale pour l'Algérie, soit au point de vue de la sécurité du pays, soit au point de vue colonisateur, est la prompte exécution des voies ferrées dites de pénétration. L'*Algérie n'a pas de fleuves*. Dans un pays doté de belles voies fluviales, la résolution du problème défensif perd beaucoup de sa difficulté ! un monitor qui remonte le James-River et peut écraser toute une flotte, un transport capable d'amener 3 à 4000 hommes à 1600 ou à 2000 kilomètres de la mer comme cela est possible sur le Gange ou le Mississipi, rendent fort peu facile à des peuplades mal armées, indisciplinées le moyen de chasser les Européens. Mais dans un pays où il n'y a point de cours d'eau navigables, les conditions de défense et de sécurité ne sont plus les mêmes, nous n'avons pas ici les chemins qui marchent. Mais le génie humain en a trouvé qui marchent plus vite. Pouvoir aller partout à la fois et rapidement, voilà le vrai moyen d'assurer la sécurité, la défense de l'Algérie et d'en faire même une aide puissante pour la Mère-Patrie. Pour l'Algérie la rapide construction des chemins de fer est une question de vie ou de mort. Les lenteurs administratives sont depuis trop longtemps un obstacle. Quoi ! des voies ferrées dont l'exécution a été décidée en 1872 sont encore en 1882 à l'état de projet ? A cela il n'y a rien d'étonnant, hélas ! il y a un mois et demi un homme de haute valeur, le compagnon, l'ami de M. de Lesseps fut envoyé à Relizane pour contrôler la valeur

de deux tracés de chemin de fer. Où s'est fait le travail ?
au buffet de la gare ! où s'est faite la vérification ? au
même endroit. Ah ! sans doute nous comprenons mieux
que personne la fatigue de M. l'inspecteur Voisin Bey ;
il est bien dur d'aller à son âge et par 40° de température, parcourir les massifs des Flittas ou les bords de la
Mina ! Mais alors pourquoi ne pas adjoindre à M. Voisin
Bey, dont l'autorité, le noble caractère ne sauraient être
niés ; pourquoi dis-je, ne pas lui adjoindre deux jeunes
ingénieurs dont il aurait pu juger les travaux ? Mais non,
l'éternelle routine est plus puissante que la logique et le
bon sens. Mais ces voies ferrées sont de première nécessité ;
ce sont là, si l'on veut me permettre d'employer ce terme,
les *topiques des insurrections indigénes*. Le jour où l'Algérie sera sillonnée de voies ferrées, vous n'aurez plus d'insurrections à craindre. Quels services n'a pas rendus la
Compagnie Franco-Algérienne dans l'insurrection du sud ?
C'est dans ce pays surtout qu'il faut éviter au soldat la
fatigue qui le démoralise, l'abat, le tue. Pensez-vous que
vous puissiez en un jour faire des soldats d'Afrique ?
Pensez-vous, que malgré tout leur courage, leur volonté,
ces enfants de vingt ans puissent supporter ce que leurs
ainés ne supportaient pas ? Et cependant abnégation, patriotisme, les plus rares vertus militaires, ces soldats de
quelques mois les ont montrées ! Mais aussi ne les sacrifiez
pas aux faiseurs, aux beaux parleurs ; ne sacrifiez pas la
substantifique mouëlle de la vieille France aux acrobates
politiques.

Il y a bientôt cinq ans, j'étais à Géryville sous les ordres
d'un chef de bureau arabe, le capitaine, L..., actuellement
à Aïn-Sefra. Jeune, actif, vigoureux, intelligent, le capitaine L... avait étudié le sud ; il en connaissait tous les

mystères ; son rêve était la création d'un poste fortifié à Thiout ; il avait envoyé rapports sur rapports pour arriver à ce but ; le crédit qu'il demandait était de 200 à 300 mille francs. Le capitaine L… savait depuis longtemps que la Mosquée d'El-Abiod était un foyer d'excitations contre nous. A Thiout, il pouvait surveiller ce nid de fanatiques. Nommé chef du bureau de Mascara, il insista de nouveau pour la création de ce poste prévoyant les événements futurs ; il s'offrait même pour aller le fonder, le construire et l'occuper. Un jour que je lui faisais part d'un terrible évènement qui arrive dans la vie d'un garçon endurci mais non encore tout-à-fait rebelle, il me répondit que lui aussi était au comble de ses vœux et qu'il allait partir pour créer le poste de Thiout. Mais L. . . avait compté sans M. le Député Thomson, lequel de concert avec M. le Général Farre fit refuser le crédit demandé par M. Albert Grévy, alors gouverneur général de l'Algérie.

I. C'est à la légereté, à l'imprévoyance de M. le député Thomson, de M. le Général Farre, que tous les désastres du Sud doivent être attribués. Il est certain et les documents existent :

II. Que le ministre de la guerre, Général Farre a été prévenu en janvier des menaces des agitateurs du Sud par M. le Gouverneur civil.

III. Que le ministre de la guerre s'est obstinément refusé à la création du poste de Thiout.

IV. Que les chefs militaires ont *toujours* été prévenus des mouvements des insurgés par M. le gouverneur et qu'ils ont opposé une inertie sinon calculée, du moins étrange à tous ses avertissements.

V. Que vers le 10 juin M. le Gouverneur prévenait le commandant du 19me corps du mouvement offensif de Bou-Amama vers les chantiers ; que le commandant du 19me çorps répondait : « Cérez ne me dit rien ; ayez confiance. »

VI. Le commandant du 19ᵐᵉ corps a été préocupé par M. le Gouverneur général du commencement des massacres et c'est sur *l'ordre formel* du gouverneur que M. le Général Cérez est parti pour Saïda.

VII. A toutes les sollicitations, *à toutes les* supplicatious (*le mot est dans la dépêche*) du Gouverneur de ne pas dégarnir de troupes la province d'Orau, le ministre de la guerre a répondu par des fins de non-recevoir, a fait supprimer d'accord avec M. le député Thomson le crédit pour la création du poste de Thiout et d'une colonne permanente dans le Sud. Voilà la vraie lumière que l'on rendra un peu plus claire quand on le voudra, *un po piu di luce*. Il faut maintenant savoir si l'on se moquera plus longtemps de nous. Pour qui donc nous prenez-vous ? pour des niais? vous avez, dites-vous, la noble ambition de fonder sur des bases solides la République démocratique ! mais changez donc d'abord vos mœurs monarchiques et sachez entendre la vérité. Jamais comme aujourd'hui il n'y eut plus de faveurs, plus d'injustices, plus d'ingratitude. Les combattants de l'heure chaude vous les reléguez au rancart comme les vieux chevaux qui ont servi pendant vingt aus ; vous voulez être grands seigneurs ! et vous n'êtes encore que les affranchis nés d'hier et qui ne regrettent rien tant que les chaînes de la servitude. Vous accumulez faute sur faute ; l'insurrection du sud dont vous ne parlez plus est l'ouvrage de votre ignorance prétentieuse ; je vous en ai donné les preuves *completes, indiscutables* et si elle dure encore, c'est la faute de votre politique d'attermoiement, de malices cousues de fil blanc, de vos lâchetés morales. J'ai l'air de m'être un peu éloigné de la question ; hélas ! j'y suis trop ; aussi pour ne pas trop vous chagriner, je reviens à la question technique. La construction des voies ferrées dites de pénétration devra être concédée avant le 1ᵉʳ janvier 1883. Toutes les maisonnettes des chemins de fer de pénétration devront être construites en blochaus ; des appareils optiques analogues à ceux qui ont fonctionné dans le sud devront y être établis ; le maniement en est du reste aussi facile que celui des signaux de voies ferrées. On discute depuis fort longtemps sur la nature des voies ferrées à établir, *voie étroite ou voie large* ; sans doute la voie étroite dans nos pays présenté d'immenses avantages, mais un fait est un fait, on ne discute pas avec lui. Votre grand central qui est P.–L.–M. est à voie large ; les nouvelles voies ferrées devront être construites de façon à éviter tout transbordement.

Les têtes de lignes, les croisements de voies ferrées et de routes importantes devront être munies de réduits, tels qu'ils sont décrits par le général Brialmont dans son livre : *les Camps retranchés et la défense des Etats*. Economie des troupes de marche qui peuvent alors battre le pays, rayonner dans tous les sens, protection assurée aux colons, voilà les grands services que pourraient rendre les réduits. Il est certain que le village de Palestro muni d'un bon réduit eût pu défier toutes les attaques des arabes et permis à la colonne Fourchault d'arriver avant le massacre. L'organisation militaire d'un pays colonial doit être calquée, faite d'après sa position, les ennemis auxquels l'on a directement affaire, d'après le climat. Deux choses doivent dominer la défense en Algérie :

1º La défense des côtes et des ports.

2º La défense intérieure.

On ne peut songer sans effroi à ce qui serait arrivé si dans le cas d'une guerre avec l'Angleterre ou toute autre puissance maritime, nous avions eu affaire à un homme aussi énergique que l'amiral Seymour. Il ne serait pas resté pierre sur pierre d'Oran, de Mostaganem ou d'Alger. A Oran aucun fort armé, pas de batteries en position ; à Mostaganem deux uniques canons faciles à démonter placés sur un tertre où n'y a aucune protection pour les servants, le reste est à l'avenant sur toute la côte algérienne.

Il est évident qu'une colonie dans des conditions pareilles n'est plus qu'un danger pour la métropole. C'est par un défaut d'organisation militaire rationnelle que nous avons perdu une à une toutes nos colonies, c'est ainsi que nous perdrons l'Algérie si nous n'avisons pas.

Organisation militaire.

On semble enfin avoir compris la nécessité d'une armée coloniale homogène, indépendante des troupes de la Métropole, fixée, attachée au sol. J'ai émis cette idée il y a six mois, mais je n'en avais pas l'étrenne ; cette armée coloniale algérienne était le rêve de Bugeaud et de Lamoricière. Si l'Algérie a coûté tant d'hommes à la France, si les insurrections ont été si fréquentes, si elles sont d'une aussi longue durée, si elles se produisent encore, si elles nous menacent plus que jamais, cela tient non pas tant aux mauvaises passions des hommes, mais à la déplorable organisation militaire de l'Algérie. Cette organisation n'est pas seulement le fait des chefs militaires mais surtout la faute de nos hésitations, de nos changements perpétuels. On commence aujourd'hui à comprendre l'inutilité des grandes garnisons du littoral. Où est la place naturelle des centres militaires importants ? elle est dans les villes qui seront dans un avenir prochain dotées de 4 voies ferrées ; c'est là que doivent se trouver équipées, outillées, armées, les troupes de la défense. Lorsque l'on peut menacer quatre points à la fois, la révolte devient bien difficile ; là devront être les centres d'approvisionnement et de ravitaillement, les dépôts de munitions.

Les bataillons d'infanterie légère, la cavalerie, l'artillerie légère devront être cantonnés dans les postes frontière, tels que Géryville, Tiaret, Aflou, Laghouat, etc. Tous ces postes seront reliés par des voies télégraphiques et des appareils optiques ; les approvisionnements de bouche et de guerre devront être de six mois au moins. Une ambulance volante outillée en matériel et en personnes devra être toujours prête dans chacun de ces postes. Après les tristes phases du début de la campagne du Sud-Oranais tout le monde reconnaît la nécessité absolue d'une armée permanante d'Afrique. A l'époque où le Ministre de la guerre fit la triste expérience que l'on sait, M. J. Reinach n'avait pas assez d'éloges pour lui ; aujourd'hui, M. J. Reinach est bien obligé de reconnaître que l'expérience a été coûteuse ; elle a désorganisé l'armée de la Métropole et aussi l'armée d'Afrique. Il reconnaît enfin que c'est d'une armée constituée sur d'autres principes dont nous avons besoin pour protéger au loin nos intérêts coloniaux et politiques. Les saines et positives vérités que, dans son dernier article, M. J. Reinach expose avec beaucoup de sa gaieté, nous les avions exprimées il y a six mois. On ne fait pas la guerre en Afrique comme sur le continent. Mais soit dans le projet du ministre de la guerre, soit dans les vues de M. Reinach, il a été oublié une chose importante : l'*organisation rationnelle* de l'armée *territoriale algérienne*. Cette armée *existe* et elle en vaut bien une autre. Il faut pour le corps d'armée permanent des hommes *décidés* à res-

ter en Algérie, rompus au climat, à la fatigue, a la con
naissance des indigènes ; il faut renouveler ici la colonie
militaire des Romains ; c'est le seul, le vrai moyen d'être
maîtres de l'Algérie, de pouvoir la défendre sans préjudice pour la Mère-Patrie. Certes nos jeunes troupes ont
montré un courage qui leur fait honneur ; mais ce qui tue
nos soldats de France c'est *l'acclimatation physique* et *surtout l'acclimatation morale*. Ces marches sous un soleil de
feu, le sentiment d'avoir affaire à des bêtes fauves, le
regret de la patrie, du clocher, voilà les vrais ennemis.
La nostalgie s'est montrée parmi ces jeunes troupes avec
une intensité inconnue jusqu'ici. Les peintures fausses qui
sont faites du climat, des habitants, les mensonges anti-
patriotiques, *criminels*, devrai-je dire des feuilles de bou-
levard, les âneries de Brid'Oison débitées sur notre compte
ne sont points faites pour donner à de jeunes soldats le
courage, la force morale nécessaire pour supporter les
fatigues. Ajouter à tout cela une administration *absolu-
ment* insouciante des besoins du soldat, insouciante de son
hygiène vous aurez les raisons de la mortalité qui a décimé
nos troupes de l'armée d'Afrique. Il nous faut donc pour
l'Algérie une organisation militaire spéciale et pour former
le corps permanent, je ne vois que les engagements volon-
taires de 7 à 10 ans avec solde spéciale et promesse d'une
concession avec une prime de 1000 fr. à la fin du service.

On a proposé la prime de 500 fr. ; cette prime sera gas-
pillée avant la fin de l'engagement, si vous la donnez pendant le séjour sous les drapeaux. C'est la concession et le
cheptel à fin du service qu'il faut donner. Vous aurez ainsi
des hommes valides, robustes, acclimatés et qui sauront se
faire respecter. Il est un élément de force défensive et au
besoin offensive, trop négligé ce me semble par les hommes

spéciaux, je veux parler de l'*armée territoriale algérienne*.

Mais ici encore, on a suivi les lois divines de la sainte routine. Le vieil antagonisme du civil et du militaire s'est donné libre carrière ; les bataillons d'infanterie territoriaux, les batteries territoriales à pied sauf pour la défense des plans du littoral me paraissent un non–sens en Algérie ; la plupart des colons savent monter et bien monter à cheval. Avec leurs fils on pourra bientôt faire si on le veut une incomparable cavalerie et dans *cinq ans d'ici*, il sera facile de trouver en Algérie 50000 hommes de 20 à 40 ans tous cavaliers consommés, tous habitués au coup de fusil. Il faut combattre l'ennemi avec ses propres armes, sa propre méthode, celle que la nature du pays vous indique. Ainsi donc il me paraît rationnel que la majeure partie des troupes coloniales d'Afrique soit composée d'artillerie et de cavalerie légères.

Que signifient les inutiles et assommants exercices de caserne des 28 jours, des 13 jours ? est-ce que vous apprendrez à vos hommes la guerre africaine ? Le but doit être celui-ci : apprendre au colon à se défendre lui-même, lui enseigner à construire un réduit, à savoir se retrancher, à faire des incursions en pays ennemi. Pourquoi tous les ans ne ferait-on pas des simulacres de raids de cavalerie en pays indigène par groupe de 400 à 500 cavaliers ? tout officier commandant un groupe devrait rapporter le levé du pays parcouru. *Peu ou point* de guides indigènes ; les guides devront être pris de préférence parmi les colons habitant le pays.

L'organisation des sociétés de tir n'existe pour ainsi dire, pas en Algérie ; *elle est cependant de première nécessité* ; un homme exercé et ayant de bons yeux, peut braver bien des Arabes. Demandez à M. le général de brigade du

Cheyron, commandant Bord-Bou-Arrérijd en 1871, combien le Dr Gentil et son ordonnance Brüchez ont tué d'Arabes en un jour ? *trente-deux* ! il est vrai que tous deux étaient membres de la société des *Francs-Tireurs* des Vosges. Dans tous les centres de population européenne ne devrait-il pas exister un dépôt de fusils Gras avec 200 cartouches par fusil de réserve conservées dans un endroit sec et à l'abri d'un coup de main ? Le dépôt de fusils devra être calculé sur le nombre d'habitants valides de 16 à 60 ans.

Tout colon devra en outre avoir chez lui son fusil Gras avec 90 cartouches, arme et munitions de l'entretien desquels il sera responsable. Nul ne devra être excepté, car tel individu réformé pour une cause souvent futile, incapable de faire de longues marches dans le Sud saura à un moment donné parfaitement défendre sa maison. Lorsque j'ai critiqué plus haut le système des 28 et des 13 jours en Algérie, je n'ai point voulu dire qu'il fallait dispenser les Algériens des exigences du service militaire. Loin de là, il est un moyen plus simple, plus pratique d'instruire l'armée territoriale *Algérienne* ; cette armée, cette milice est appelée en cas d'insurrection à défendre ses prénates et ses dieux lares. Que le *parti national indigéne* fasse un mouvement pendant vos périodes de 28 ou 13 jours ; voilà plusieurs centres privés de leur population combattante. Est-ce là le résultat que vous voulez obtenir ? Certes il ne faut pas laisser oublier la discipline, la vie militaire, ; au contraire, il faut l'aviver, la raffermir de plus en plus. Mais pourquoi des officiers de l'armée active ne seraient-ils pas détachés dans chaque chef-lieu de canton, le canton qui est le *vrai centre national* ? de cette façon vous aurez votre défense toujours prête et la sécurité certaine. Quels enseignements pourra tirer de vos marches militaires, le colon envoyé à Oran et qui, à un moment donné, sera appelé à défendre Relizane, Zemmorach ?... C'est *chez lui* que vous devez lui enseigner les principes de la défense militaire, lui enseigner, lui faire voir dans ce petit rayon *dont il ne sortira pas*, les meilleures positions, les emplacements à occuper, les obstacles qui pourront, à un moment donné, arrêter l'ennemi. Faites-donc faire dans un pays accidenté, 13 ou 28 jours à un colon qui est appelé à défendre une immense plaine sans abris naturels, sans arbres, sans replis de terrain ! Est-ce là vraiment, ce que Paul Bert appelait des leçons de choses ? Mais hélas ! votre siége est fait, vos habitudes prises et le voile du temple serait déchiré si vous sortiez de la routine.

La gendarmerie algérienne.

Le Général de Wimpffen disait un jour qu'avec 12.000 gendarmes, il n'avait pas besoin de troupes pour tenir l'Algérie. Tout en faisant la part de l'exagération, le général n'avait pas tout-à-fait tort, car ces hommes courageux, dévoués, bons cavaliers, sont redoutés des indigènes ; mais ils le disent eux-mêmes, ils ne rendent pas le quart des services qu'ils pourraient rendre ; animés d'un excellent esprit de discipline, robustes, vigoureux, ils pourraient être un des éléments les plus sérieux de la défense de l'Algérie, mais leur équipement, leur habillement sont lourds, incommodes, leur coiffure, leurs chaussures mal appropriées au sol, au climat, à la nature de l'ennemi qu'il faut atteindre. En face de l'indigène essentiellement mobile vous mettez des hommes dans l'impossibilité de remuer. Au lieu de chevaux de choix, que devrait avoir le gendarme, il n'a le plus souvent que des montures défectueuses, fatiguées et qu'on lui fait payer très cher. De plus et j'insiste sur ce point, ils sont trop souvent distraits de leur rôle par les exigences de la justice. N'est-il pas absurde d'arracher deux, trois gendarmes à leur role de *protection*, de *sécurité coloniale* pour conduire tout un ramassis de vagabonds, de prostituées. N'ai-je pas vu dans la ville que j'habite deux gendarmes obligés d'accompagner une vertu indigène de 60 ans, soi-disant violée ? pendant ce temps, on coupait fort proprement le cou à deux colons. Le parquet ne devrait-il pas avoir ses agents de surveillance et d'escorte spéciaux ?

Des rapports avec les indigénes au point de vue de la défense et de la sécurité.

Il faut partir de ce principe, c'est que nous sommes pour l'indigène, le roumi, mot qui pour lui embrasse tout ce qui n'est pas musulman. On a parlé de civiliser l'indigène ; on civilise un sauvage, on peut transformer un peuple enfant ; mais non un peuple qui a des tradictions historiques, qui a compté dans le monde, qui a un passé, une littérature. Quant à le changer par la persuasion, par le spectacle de plus en plus merveilleux de nos découvertes ; *jamais.* Les peuples de l'Orient ne se transforment pas ; depuis trois mille ans, ils vivent, s'habillent de la même façon ; aucune curiosité ne s'est produite en eux ; ils vivent près de nous étrangers, indifférents à nos progrès, aux problèmes que nous agitons. Un ancien a dit que nous vivions des morts ; cela est vrai et cette race hérite de plusieurs siècles de paresse intellectuelle. Il y a l'atavisme pour les races humaines peut-être plus pour l'activité intellectuelle que pour l'énergie physique. Augmenter le nombre des aouias, comme le demande M. Leroy-Beaulieu, c'est reculer encore sinon rendre impossible cette assimilation *plus que douteuse*. Pour en revenir à mon sujet, on s'est élevé avec beaucoup de force mais peu de logique contre les demandes innocentes des Algériens pour l'aplication de la responsabilité collective des tribus. Cette responsabilité découle même de la constitution de la tribu ; la famille n'existe pas, le sentiment de la justice encore moins ; tous sont complices à commencer par les chefs ; le voleur adroit, l'assassin légendaire et hardi est estimé, vénéré ; certes entre eux les indigènes ne souffrent qu'on les vole ; mais quand le crime est commis sur le roumi, ce n'est plus la même chose ; c'est alors une œuvre méritoire, et malheur à celui qui dénoncera le héros. La collectivité de protection existe pourquoi auriez-vous remords d'appliquer la collectivité pénale ? qu'est-à-dire ? mais cette responsabilité collective vous l'avez appliquée il y a quelque trente ans dans les cantons pyrénéens lorsque que l'on incendiait les forêts ! Avant de faire des lamentations humanitaires, il faut songer à ceux qui risquant santé, vie, fortune, s'en viennent ici vous faire une France nouvelle. Avant de créer votre société protectrice des indigènes, vous auriez dû penser aux vaillants colons qui sont venus arroser cette terre de leurs sueurs et de leur sang, vous auriez dû vous souvenir que cette terre d'Afrique renferme les ossements de deux cent mille enfants de la France, vous auriez dû vous souvenir de Palestro et de Kralfallah ! ce n'est pas 2, 500, 000 ennemis que vous avez, mais bien 200 millions. Interdiction absolue des *Ziarras* ou quêtes religieuses et application des décrets du 29 mars aux congrégations religieuses. Comment, par un décret vous avez blessé la foi de plusieurs millons de Français et cette mesure n'est pas appliquée à un peuple qui fait de ses couvents, de ses ordres religieux des foyers d'agitation islamique ? non il n'est possible de pousser plus loin l'absurdité ; cela *ressemble* presque à une lâcheté. En 1873, le Général Chanzy fit murer le tombeau vénéré d'Abderhaman Bou-Bekrine ; les kabyles n'en étaient que plus sages.

Le commerce clandestin de la poudre se fait en Algérie avec une incroyable facilité ; il y a là une surveillance des plus actives à exercer ; il faut défendre aux indigènes la possession des armes à tir rapide, expulser tout européen convaincu d'avoir vendu des armes ou de la poudre aux indigènes. Dans les fermes isolées les propriétaires pourront à leurs risques et périls en distribuer aux serviteurs indigènes.

Rétablissement des tribunaux correctionnels jugeant au criminel. Le jury pour les indigènes, n'a aucune signification, de plus il est une lourde charge pour les colons.

Et enfin pour terminer comme j'ai commencé : la construction des chemins de fer.

Tels sont les moyens généraux que je propose pour assurer la défense de la colonie ; certes je n'ai pas pu tout indiquer, tout prévoir ; les détails sont inspirés par le moment, par la circonstance, mais j'ai la ferme conviction d'être compris et approuvé par tous ceux qui connaissent et qui aiment l'Algérie.

LA COLONISATION

Le sujet que je me propose d'esquisser est vaste et complexe. Les idées que j'exprime et que je soumets au jugement des Algériens auront, je l'espère, leur approbation. Je dis ce que j'ai vu, ce que j'ai observé, ce que j'ai appris. Il y a quelques années, un Anglais touriste et observateur me disait dans un village perdu des Hauts Plateaux : « Messieurs les Francais, vous vous calomniez ; » je suis émerveillé de ce que vous avez su faire en si » peu de temps, avec toutes vos insurrections, toutes les » entraves d'une administration routinière ; nous autres, » il y a longtemps que nous aurions quitté le pays ou » l'administration. » Il faut pas nous en aller, mais il faut que désormais l'administration soit pour les colons et non les colons pour l'administration. Ce sont là des vérités élémentaires depuis trop longtemps oubliées. Je n'étonnerai personne en disant que l'histoire de la colonisation algérienne pourrait s'appeler : l'*Histoire des variations administratives*. En 1830 on fit l'expédition d'Alger ; il en arrive de cela ce qui est arrivé pour la Tunisie ; on était venu sans trop savoir pourquoi ; on resta sans trop savoir pourquoi ; sauf l'expédition militaire nul plan n'était arrêté. Cependant je crois que les ministres de Charles X auraient plus fait pour l'Algérie que la Monarchie bâtarde de Louis-Philippe. Hésitations, concussions éhontées, faufaronnades, promenades militaires pour nommer à 25 ans des ducs d'un sang princier, expéditions sans but, gaspillage d'hommes, d'argent, une part outrageante faite à la faveur dans la distribution du domaine conquis, des lâchetés diplomatiques impardonnables, telles que le traité de la Tafna, le discrédit jeté sur une armée la plus vaillante et la plus dévouée qui fût jamais, les diatribes journalières à la Chambre des députés, dans cette Chambre où *l'austère Guizot* avait l'audace impudente de venir dire : « Enrichissez-vous et laissez-nous faire, » sans que pas un *homme* se lève pour le jeter à bas de cette tribune française déshonorée par lui ; les concessions de 2,000, 3,000, 10,000 hectares accordées à de grandes dames sur le canapé après la poire et le fromage, tel est le bilan de la Monarchie de juillet en Algérie. Les lettres attristées de Lamoricière à sa femme, les lettres intimes de Charras et de Cavaignac, les sorties furieuses de Bugeaud sont là pour nous dire cette triste histoire. Le second Empire a supporté le poids de toutes ces fautes. Si Napoléon III a eu un jour l'idée fantastique du royaume arabe pour un prince du sang, cette idée lui venait du règne précédent et certes pour tous ceux qui connaissent l'histoire contemporaine, il n'y a pas de doute que cette conception maladive ne se fût réalisée au profit d'un d'Orléans sans les journées de février. On ne savait pas trop si l'on voulait rester ou s'en aller ; un député nommé Mauguin, terminait tous ses discours. « Quand donc quitterons-nous l'Algérie ? » En attendant l'on faisait tuer des hommes ; il est bon que les colons nouveaux sachent cette histoire. Un mépris profond pour le travailleur qui venait à force de travail chercher son pain, sa vie, sur cette terre nouvelle, la volonté arrêtée, préconçue de ne rien faire pour l'Algérie ; tels ont été les premiers jours de la colonie. Les nobles esprits qui voulaient faire de ce pays une France nouvelle n'étaient pas écoutés. Combien sont-ils parmi ceux qui sont chargés de nos destinées qui aient lu les admirables lettres de Lamoricière, de Charras, de Cavaignac, de Bugeaud ? Ce sont là nos maîtres ; ces hommes de guerre aimaient ce pays ; ils le connaissaient ; ils se rendaient compte de ce que l'Algérie française pouvait ajouter à la grandeur et à la puissance de la France ; c'est encore chez eux qu'il faut aller apprendre si nous voulons que notre œuvre soit menée à bien. Ce qu'il faut favoriser avant tout pour arriver au peuplement européen de l'Algérie, c'est l'*essaimage* des enfants du pays nés ici, acclimatés ; c'est surtout à cet élément que l'on doit faire la part la plus large ; si l'on veut me le permettre, j'appellerai cela la *colonisation par boutures*. Tout fils de colon, après avoir rempli son devoir militaire devrait avoir droit à une concession *minimum* de 30 hectares. Cette concession devra être autant que possible donnée dans des centres à créer ou à agrandir voisins du lieu de naissance. Il y a entre l'Hillil et Relizane un village en projet depuis cinq ans. Le village à créer doit se trouver sur la route de Kalâa ; terres fertiles, eaux saines et abondantes, défrichement peu coûteux, voilà les avantages. Le village l'Hillil est un village agricole ; tous les jeunes gens savent manier la bêche et la charrue ; bientôt pour les parents la gêne viendra ; en créant un village, vous essaimez votre trop-plein de population, vous peuplez ce qui n'est pas habité, vous défrichez ce qui est inculte. Ce que je dis fera sourire les bureaucrates ; ce noble corps est brouillé avec la géographie ; pour lui, tous les pays se ressemblent ; il n'y a que l'administration. Cependant il ne paraît pas logique d'envoyer un fils de colon, né à

Tiaret ou à Médéah coloniser dans la plaine du Chéliff ou de la Mina. Ou a fondé en 1877 un village à 10 kilomètres de Relizane ; ce village se nomme les Silos. La température estivale de la plaine de la Mina a pour moyenne de 37 à 40° ; il était logique, naturel d'engager des Algériens déjà acclimatés à venir habiter ce nouveau centre ; on aurait procédé ainsi, il y avait eu quelque grains de bon sens dans la cervelle des Jupiters administratifs ; mais non, on a fait venir des colons de Grenoble, du Bourg d'Oisans, de la Vallouise ; qu'en est-il résulté ?

C'est au cimetière à répondre.

C'est à ces erreurs multipliées qu'il faut attribuer nos misérables avortements ; c'est à cette incurie profonde, à cet insouciant mépris des plus simples lois de la logique qu'il faut attribuer nos échecs en matière de colonisation ; dans les rapport officiels vous accusez la paresse, la fainéantise, le peu d'initiative du colon français ; vous osez dire, vous dites, qu'il ne sait pas, ne veut pas coloniser ; vous calomniez votre pays et vous mentez à l'histoire ; mais ce sont vos lisières administratives, vos manies paperassières qui étouffent l'Algérie et il faut vraiment que les colons aient les poumons robustes pour vivre sous votre étreinte. Il y des concessions abandonnées ; qu'en faites-vous ? Vous n'avez rien trouvé de mieux que de les mettre aux enchères ! Si donc un père de famille possesseur de 2 ou 3000 fr. veut une concession, comment fera-t-il pour la défricher ? le défrichement coûte cher dans ce pays ; ce n'est là qu'une excitation aux spéculations. Vous n'avez pas de terres disponibles ? Et comment donc se fait-il que d'infimes employés de puissantes Compagnies achètent 3, 4, 5, 6,000 hectares de terre à 0 fr. 90 c. l'hectare ? Et vous avez autour de vous des colons chargés de famille, que vous condamnez à la misère ! faites donc des enquêtes, pour que vous soyez pas soupçonné d'être dupes ou complices. *Il en est* temps. Je viens de dire qu'il fallait avant tout favoriser l'élément algérien. Comment pourrons-nous arriver à ce résultat ? à mon sens le voici :

Créer des villages viables ; par ce mot j'entends des centres, qui, en dehors des concessions faites par l'Etat, puisent en eux-mêmes quelques ressources ; tant que vous vous obstinerez à faire des villages de 15 à 20 feux, vous aurez la misère ; si ceux qui vont s'établir dans ces centres *morts-nés* n'ont que la culture pour vivre, il faudra qu'ils attendent au moins un an ; le défrichement coûte dans ce pays et *ne rapporte rien.* Si au contraire vous créez des villages de 100 à 120 feux il y aura échange de travaux. On a proposé pour l'attribution des lots de terre le système amméricain ; c'est-à-dire, le bon de terre. Ce bon de terre serait un titre de propriété comme en Amérique, négociable pour un prêt dans une banque d'Etat. Le colon muni de ce bon irait s'établir où il voudrait. Mon Dieu ! que la théorie est une belle chose ! La jument de Roland avait toutes les qualités, mais un grand défaut, *elle était morte.*

L'Amérique du Nord n'est pas l'Algérie. Ici il ne faut pas se payer de mots ni d'illusions. Oui, l'Algérie française est une terre fertile, mais à la condition d'un travail acharné. Ici, ni grands fleuves, ni rivières navigables ; pas de prairies, pas de forêts ; là-bas, rivières magnifiques, fleuves qui ressemblent à des bras de mer ; c'est-à-dire, la vie, les communications assurées, les forêts superbes, c'est-à-dire le bois, ce qui est la maison, le feu et parfois le vêtement. Les colons qui ont peuplé l'Ouest américain ont moins de mérite que les vaillants pionniers de l'Algérie. Il faut, avec une énergie de chaque instant, défricher une terre couverte de lentisques, de palmiers nains, de broussailles rebelles. Là-bas un seul arbre vous fait la cabane, la maison, le *log-house*; on défriche la concession, on vend les madriers et les planches et l'on est riche avant d'avoir semé. En Algérie pas de climat régulier, aucun de tous ces avantages qui sont la cause du rapide peuplement de l'Amérique du Nord. Il faut que nos colons algériens soient sûrs de leur existence pendant les deux premières années ; il faut instituer les banques de crédit d'Etat ; il faut que le colon soit soutenu, protégé pendant les premiers temps de son séjour. On s'attache vite à ce pays. Quoi qu'on en dise, le Français est tenace ; on aime ce climat si doux, les belles nuits, le bon soleil. Ne décourageons pas ceux qui ont la bonne volonté de faire souche familiale ; peu à peu vous aurez une population compacte, robuste, énergique d'autant qu'elle aura plus lutté. Eh ! mon Dieu ! n'envions pas tant l'Amérique ! Il y a 50 ans que nous sommes en Algérie ; le niveau moral s'élève tous les jours, celui de l'Amérique du Nord baisse tous les jours. Nous tenons avec le Canada, cette autre colonie française, hélas perdue ! la tête de l'instruction primaire, n'est-ce pas là un résultat enviable ? Y a-t-il eu en Algérie les scandales financiers, le tripotages honteux qui sont chose courante en Amérique ? Et les plus criminels de ces officiers de bureau arabe mal connus et tant calomniés se sont-ils jamais élevés à la hauteur de Lord Clive, de Warren Hastings, ces réprésentants de la vertueuse race Anglo-saxonne ? La famille se fait en Algérie et plus nous irons et plus cette dignité de la vie deviendra réelle. Il existe ici des jeunes femmes et des jeunes filles dignes du respect d'un honnête homme ; beaucoup vivent en France des histoires d'il y a 40 ans ;

beaucoup emportent de l'Europe des préjugés incroyables et des idées d'un autre âge. L'on voudra bien un jour nous connaître et la Mère-Patrie sera fière de ses enfants algériens.

En 1872, M. l'amiral de Gueydon décréta que tout concessionnaire ne recevrait ses titres de propriété qu'après un laps de temps déterminé et une partie de la concession défrichée. Dans la pensée du Gouverneur, cette mesure n'était que transitoire, c'était une mesure nécessaire à ce moment pour bien s'assurer de ceux qui avaient la bonne volonté de travailler, de s'établir, de faire souche de colons. A l'heure présente, le titre II entrave la colonisation ; il faut l'abroger ou tout au moins le modifier en ce sens que le colon qui, au bout d'un an aura bâti sa maison, défriché un tiers de sa concession, entrera en possession de ses titres de propriété de façon à pouvoir par des emprunts réguliers échapper à l'usure qui le ruine. Y a-t-il une, deux, trois mauvaises années, les dettes, les emprunts s'accumulent ; une récolte propice arrive-t-elle, tout est l'avance dévoré par l'usure. La facilité, la sécurité, l'honnêteté du prêt engageront le colon à faire la culture industrielle, vigne, tabacs, lin, plantes tinctoriales. C'est dans cette culture que se trouve l'avenir économique de l'Algérie. Les colons comprennent et ne cessent de me le répéter que la culture des céréales est trop aléatoire. On répète toujours cette phrase : l'Afrique était le *grenier* de Rome ; dans un style dithyrambique on peint la populace romaine, attendant les trirèmes venant de la Mauritanie ; il est vrai que la Mauritanie nourrissait 500,000 *lazzaroni* de la Rome impériale ; mais depuis trois continents ont été découverts dont les produits inondent nos marchés. Les conditions économiques ont si complètement changé que les minotiers trouvent meilleur compte à faire venir leur blé de Bombay ou de New-York que de l'acheter dans le pays. L'année dernière, les grands fabricants de l'Algérie ont eu plus de bénéfice en faisant venir leurs blés de l'Inde ou de l'Amérique, On ne peut pas lutter avec une production qui se chiffre par des centaines de millions d'hectolitres. D'un autre côté les conditions climatériques se sont bien modifiées. L'Algérie a été déboisée, c'est vrai, mais l'Europe sa voisine l'a été aussi ; la moyenne des pluies s'est abaissée ; à quoi faut-il attribuer ce résultat ? Au mode de culture que nous avons voulu imposer à ce pays ; nous ne défrichons pas ce pays, nous le dénudons ; ces broussailles qui font le désespoir du colon ont quelque utilité ; de plus et faisons-en notre *mea culpa* n'avons-nous pas dans la période de conquête, déboisé, dévasté à tort et à travers ? Lamoricière dans ses mémoires avoue avoir fait scier 10,000 pieds d'olivier dans la forêt de Zemmorah et de l'Oued-Enseur. A ne voir que les vestiges on comprend ce que devait être la magnifique forêt de Sebdou. Mais alors, on ne savait pas trop si l'on voulait rester ; il fallait vaincre et tous les moyens étaient bons et tous ces chefs militaires regrettaient d'être obligés d'accomplir cette œuvre de destruction. L'Européen aime à se chauffer l'hiver ; il faut du charbon pour sa cuisine ; comment voulez-vous que l'Arabe intéressé, avant tout, ne coupe pas le bois qu'il vend fort cher, ne fasse pas du charbon qu'il vend l'été de 6 à 7 fr. les 100 kilos ? Une administration forestière qui n'en est pas une ; un ou deux gardes forestiers *mal payés*, pour un pays qui vaut quelquefois trois grands cantons de France ; *pas un arbre n'est marqué* ; la bouture, les chèvres s'en chargent. Mon ami le Dr Trolard a fondé la ligue du reboisement ; il a pensé que l'on pouvait au moyen de souscriptions reboiser l'Algérie. Généreuse pensée qui a avorté. Avant de faire votre ligue, il fallait consacrer vos efforts, votre argent à soutenir le Dr Mouchot, l'aider à perfectionner ses applications de la chaleur solaire qui parfois est fort gênante dans ce pays. Il faut demander la réforme complète du personel forestier, lui assurer le bien-être, la sécurité ; il faut que la haute administration ait l'œil ouvert sur les dévastateurs inconscients, qui coupent, taillent par ignorance. L'indigène n'est pas si criminel de ce côté que vous le dites ; mais vos habitudes, vos besoins offrent un appât à sa cupidité. Il en profite ; et le fondateur de la ligue qui est tant soit peu épicurien serait désolé s'il n'avait pendant une soirée humide et froide de janvier le joli bois d'olivier flambant dans sa cheminée. Malgré ce déboisement il tombe beaucoup d'eau en Algérie ; mais on la laisse perdre. La multiplication des barrages, le moindre cours d'eau utilisé, voilà le *seul*, le *vrai* moyen de rendre l'Algérie prospère. De ce que j'avance je n'en veux pour preuve que ce que les Anglais ont fait ou plutôt refait dans l'Inde. Avant la conquête musulmane, le malwa (royaume de Bhopal) était une des plus fertiles contrées de l'Indoustan. Il ne pleut guère dans cette région ; mais les Indous avaient barré sept riviè- ou pour mieux dire des oueds. Les guerres fréquentes dont l'Inde fut le théâtre devinrent la cause de la ruine de ce magnifique ouvrage. Le pays devint un désert. Les Anglais après la prise de possession ont refait les travaux et aujourd'hui un pays grand comme la France est redevenu riche et prospère. C'est là surtout que doit se porter notre attention ; il n'a jamais plu beaucoup en Algérie quoi qu'on dise et le proconsul Salluste nous le dit bien. Le projet hardi de M. le commandant Roudaire ne soutient pas un instant l'examen et malgré la haute autorité de M. de Lesseps on ne saurait trop s'élever contre un projet qui engloutira des centaines de millions pour aboutir à néant. Comment, c'est avec un lac de 70 kilomètres de large, et de 360 kilomètres de long que vous voulez lutter contre un désert qui s'étend de l'Egypte au cap Noun et de Laghouat à Tombouctou ! goutte d'eau dans le sable. La sécheresse n'est-elle pas endémique sur les bords de la Méditerranée ? et pourquoi ? Parce que nous n'avons pas sur le littoral méditerranéen de hautes montagnes. Le Nil superbe vient de bien loin et. de hauts sommets ; on s'explique maintenant la richesse hydrographique de l'Algérie Centrale ; c'est parce qu'il y a là des montagnes de 4000 à 5000 mètres ; quelle est la contrée ou plutôt les contrées les plus favorisées en Algérie hydrographiquement ? est-ce que c'est le littoral ? Non ! C'est Tlemcen, c'est Médéah, c'est la Kabylie, pays à sommets relativement élevés et où il neige. Quels sont les deux pays les plus arrosés du monde ? ils sont tous les deux bien loin de la mer. En Europe, la Suisse pays de hautes montagnes, en Amérique, en plein Far-West, ce que Agassik à nommé la Suisse Américaine. Il semblerait plutôt que le voisinage de la mer fût une cause de sécheresse ; témoin tous les bords de la Méditerranée, témoin les bandes, témoin surtout ce qui existe dans l'Amérique du Sud. L'immense Océan Pacifique est certes plus important que la mer intérieure et cependant sur toute la côte depuis Valparaiso jusqu'à Guazquil ce sont des landes désolées ; le désert d'Atacama dans la Bolivie est baigné par l'Océan ; le grand déversoir des Cordillières, dont la hauteur moyenne de faîte est de 4000 fr. est du côté de l'Atlantique ; de ce côté, l'Amazone, le magnifique Paraguay, l'admirable système fluvial du Brésil décrit par Paul Marcoz.

Il vaut mieux avant de dépenser l'argent de la France en transaharien, en mers intérieures, faire les chemins de fer trans-telliens ; ce sera moins coûteux et beaucoup plus utile. Combien d'autres travaux qui donneraient la vie, la fortune à l'Algérie ? On envoie à grands frais des ateliers de sondage artésiens dans le Sud, à Ouargla, à Metlili, à Tuggurt ? Pourquoi ? pour nos ennemis. Et dans le Tell des villages français manquent d'eau ! n'est-ce pas dans la multiplication de ces puits artésiens que se trouve le meilleur moyen d'aider au reboisement, à la plantation ? Mais à ces plantations qui seraient si utiles, le passé a mis une barrière, je veux parler des *grandes concessions.* Mirabeau, lorsqu'il demandait la mise en vente des biens de main-morte, l'abolition de la grande propriété, Mirabeau disait : « Créons l'armée des intérêts révolutionnaires. » C'est ce mot, c'est l'accomplissement de cette vérité politique qui ont fait triompher la révolution. Si le paysan français a si ardemment épousé cette cause, c'est que la révolution lui donnait la terre, et chez le paysan français le sentiment de possession de la terre ne peut se comparer qu'à celui de la paternité. Tout être qui aime la terre de cet amour farouche et jaloux est *essentiellement colonisateur. La grande propriété* a perdu l'Italie, disait l'aîné des Gracches ; la grande propriété a fait du peuple anglais un peuple de misérables, la grande propriété a fait de l'Irlande un foyer d'incendiaires et d'assassins. Allons-nous voir se renouveler ici la Land-League ? Cela sera si l'on continue les fautes du passé ; ce qu'il faut, ce sont des propriétaires et non des fermiers ; ce qu'il faut, ce sont des cultivateurs libres et non des valets de ferme. La plaine de Relizane comprend 8320 hectares arrosables. Cette quantité pourrait être, si l'on aidait un peu les syndicats, facilement portée à 10,000 hectares.

Cette plaine est possédée par quinze ou vingt propriétaires soit compagnies financières, veuves de généraux, capitalistes d'Oran ou d'ailleurs ne résidant pas, quelques-uns n'habitant pas même l'Algérie, ne la connaissant même pas. Le Land-lord, le maître de la terre en Irlande est moins coupable, il réside dans son château, dans sa grande exploitation ; ici rien de pareil. Supposons ces 10,000 hectares, divisés en lots de 40 à 50 hectares ; dans chaque lot pourrait vivre largement une famille de quatre personnes ; et à la place de cette culture qui épuise le sol, le ruine, vous auriez de magnifiques plantations de cultures industrielles, des terres soignées, engraissées et 3000 colons libres, heureux, prospères et attachés au sol. Comment voulez-vous que le fermier plante des arbres, de la vigne ? il faut du temps pour que l'arbre pousse, pour que la vigne rapporte ; et d'abord il faut payer le fermage. Va-t-on renouveler les mêmes criminelles folies dans la plaine du Chéliff ? va-t-on donner encore l'Algérie en pâture aux exploiteurs ? il n'y a déjà que trop de brasseurs d'affaires. On veut à tout prix faire l'émigration française et pour cela on restreint les concessions pour les jeunes Algériens, fils d'Algériens, nés, acclimatés dans ce pays. Avec une incroyable fausseté de jugement on oppose au petit nombre d'émigrants français en Afrique, le grand courant allemand et irlandais aux Etats-Unis, le grand courant espagnol et italien dans l'Amérique du Sud. Mais l'Allemagne est pauvre ; l'Irlande meurt de faim ; mais l'Espagne n'a plus ni industrie ni commerce ; ses guerres civiles l'ont ruinée ; l'Angleterre est un peuple de prolétaires, l'Italie est écrasée sous le poids de formidables impôts. Est-ce donc l'émigration qui a fait, en moins de deux siècles un peuple de trois millions de canadiens français, un peuple ayant conservé la langue, les mœurs, l'amour de la mère-patrie ? non ! C'est *l'essaimage*, la génération de proche en proche encouragée par la possession du sol, la certitude de l'existence par le travail. La Louisiane est demeurée française et cela est si vrai qu'un Français de France, M. Soulé, l'a représentée toujours au congrès jusqu'à la guerre de sécession. Le Français ne se laisse pas absorber c'est lui qui finit par donner à la race à laquelle il se mêle son cachet, ses mœurs, son caractère. Au bout de quinze ans d'occupation les provinces rhénanes étaient francisées ; en Algérie il se fait de nombreuses alliances entre la population espagnole et la population française. Si la femme dans le ménage est espagnole, vous ne la reconnaitrez plus au bout de quelque temps ; si la femme est française et le mari espagnol la transformation est plus vite accomplie encore et le mari devient français d'idées, d'habitudes et de goûts. C'est la vraie naturalisation; on ne saurait imposer à un peuple fier et qui a un glorieux passé et qui nous l'espérons pour les races latines n'a pas fini encore son rôle historique, on ne saurait, dis-je, lui imposer la naturalisation. Comme disait Danton, on n'emporte pas la patrie à la semelle de ses souliers ; mais il y a un autre moyen ; attachez-vous à encourager ces unions mixtes ; pourquoi ne donneriez-vous pas une concession a l'Espagnol ou à l'étranger qui épouse une Française, à l'Espagnole qui épouse un Français ; c'est dans l'alcôve que se fait la véritaple naturalisation. Les Etats-Unis ont exigé la naturalisation ; cela c'est un papier qui n'engage à rien ; tous les Allemands se font naturaliser Américains; mais ils se gardent bien de se mélanger ; aussi malgré le papier de naturalisation, les Etats-Unis ne sont plus qu'une vaste succursale de l'Allemagne. Quel est donc l'Espagnol qui, marié à une Française, portera les armes contre la France ?

aucun. Cette question que je ne fais qu'indiquer mérite surtout pour la province d'Oran d'attirer l'attention des hommes n'Etat qui croient que l'Algérie est appelée à jouer son rôle dans les destinées de la France.

Il faut peupler l'Algérie ; sans doute, c'est là notre but ; mais pensez-vous qu'il soit bien tentant de faire des enfants lorsque l'on a pas la certitude d'avoir de quoi les nourrir ? Vous voulez, pour ne vous citer qu'un exemple entre mille, agrandir un village des environs de Relizane de 40 ou 50 feux ; *soixante-douze fils* de colons de Dahra âgés de 21 à 30 ans, la plupart nés dans le pays ou tout au moins acclimatés ; la plupart sont mariés, ils sont maintenant à charge à la maison paternelle ; ces colons nés, élevés pour la culture, vous demandent un morceau de terre ; vous avez des emplacements de villages sains, avec de la bonne eau, de bonnes terres et vous ne faites rien et de plus *vous ne voulez rien faire*. Pensez-vous que le père de famille déjà à son aise laissera ses fils sans secours en cas de besoin ; le cheptel du père sera à sa disposition, il y aura là pour l'enfant une aide qui l'encouragera au travail, c'est-à-dire au bien. A côté des fils de colon sans terre, de ces travailleurs sans outils, se pavane l'Arabe avec sa paresse incurable, son mépris de plus en plus haineux contre une civilisation qu'il ne comprend pas et ne *comprendra jamais* avec ses terres qu'il laisse incultes et improductives. On accuse les colons de vouloir tout accaparer, de vouloir réduire l'indigène à la misère, à l'émaciation ! Certes on n'en demande pas tant ; on veut avoir le droit fort naturel de faire produire le superflu gaspillé par nos pires ennemis. Un journal dit le *Combat* nous accuse d'être un ramassis de coquins et de voleurs, de posséder des domaines de 300, de 400 hectares ; c'est parmi ses lecteurs que se trouvent surtout les grands concessionnaires. La terre est à celui qui sait en faire la nourriture du pauvre. Tout être humain a le droit de vivre en travaillant, et nul n'a le droit d'empêcher un autre homme de vivre. On a blâmé les Amérieains de leurs procédés un peu vifs à l'égard des Indiens du Far-West. Il est certain qu'ils eussent pu mettre d'accord l'humanité et l'intérêt général. Mois quoi qu'il en soit, là où l'homme rouge chassait le bison pour ne pas travailler il y a des colons qui, par leur énergie, leur production, ont sauvé deux ou trois fois une partie de l'Europe de la faim. Ce côté de la question a aussi une certaine poésie qui vaut bien celle de Fenimore Cooper. Vous n'avez pas de terres, dites-vous ? Mais le domaine en possède qu'il gaspille, qu'il loue à des prix dérisoires et des colons vous demandent, vous supplient de leur donner de quoi travailler. Vous réclamez des cultivateurs ? mais vous en avez ; donnez-leur de quoi cultiver ; donnez-leur *l'honnête crédit* qui leur manque ; je ne veux pas seulement parler du crédit financier ; je veux parler du crédit, de la sécurité de l'avenir ; il faut que tout colon auquel naît un enfant *soit sûr* que cet enfant aura droit absolu à une concession. N'ayez pas tant de complaisances pour des marquises de contremarque et des veuves du Malabar et vous trouverez des terres. *Le colon aime la terre, surtout,* je le répète, le colon français ; facilitez-lui les achats *honnêtes, légaux,* en constituant la propriété indigène ; veillez sur ces tripotages scandaleux derrière lesquels se trouvent ce qu'il est convenu d'appeler de *hauts personnages* ; arrêtez par votre énergie, votre surveillance de tous les instants, ces pactes de famine et de spéculation ; quand vous ferez cela, vous aurez fait une œuvre patriotique, vous aurez mérité de ceux qui vous ont chargés de

diriger les destinées de la vieille et de la nouvelle France.
Je termine cette première partie du *Programme algérien*.
Il y a encore bien des vérités à dire ; je ne veux pour le
moment qu'indiquer ce qui me semble le plus nécessaire,
le plus urgent. J'ai dédié cette œuvre à Gambetta ; c'est
un honneur pour moi, qu'il ait accepté cette dédicace et
si, républicain de l'avant-veille, j'ai un remords, c'est d'a-
voir douté de son patriotisme, et aujourd'hui éclairé par
le triste spectacle auquel nous assistons, je salue en lui,
encore une fois le plus vaillant et le plus ferme soutien de
la France républicaine.

Dr DUPUY

10 Août 1882.